T0105857

La predestinación de Dios

La predestinación de Dios

Bolivar Díaz

Para realizar pedidos de este libro, contacte con:
Palibrio
1663 Liberty Drive
Suite 200
Bloomington, IN 47403
Gratis desde EE. UU. al 877.407.5847
Gratis desde México al 01.800.288.2243
Gratis desde España al 900.866.949
Desde otro país al +1.812.671.9757
Fax: 01.812.355.1576
ventas@palibrio.com
702298

Índice

DEDICATORIA

A Dios que me inspiró. A mi hijo Billy Benjamín, que me motivó con su sed de saber la verdad acerca del destino del hombre. A la Obispo. Dra. Laura E. Príncipe, PH.D., TH.D., D.D., por su colaboración con este libro.

A todos aquellos que tienen ése mismo deseo y sentir. Por último, a los que buscan aparentes contradicciones para tergiversar la verdad contenida en la Palabra de Dios.

Obispo. Dr. Bolivar Díaz, MA., TH.D., D.D.

PRÓLOGO

La humanidad sigue adaptándose al Milenio en forma progresiva; sin embargo, el hombre cuanto más descubre la realidad del mundo, menos se conoce a sí mismo, y sigue buscando respuestas a las interrogantes que vienen a su mente sobre su propia existencia.

Desde la antigüedad hasta el presente siguen brotando las preguntas que caracterizan el recorrido de su existir; ¿Quién soy?, ¿De dónde vengo?, ¿Por qué existe tanta maldad?, ¿Qué hay después de esta vida?

Esta misión del hombre de la búsqueda de la verdad hace que la humanidad participe del esfuerzo común que todos realizan por encontrar las respuestas de su existencia y su final.

Actualmente, en pleno siglo del milenio, en las Iglesias, "Casa del Señor", vemos que la asistencia al Templo de Dios, ha ido menguando, lo que significa que ahora hay otras prioridades en la humanidad donde muchos al no encontrar las respuestas que han estado buscando, van a buscar a otros lugares las respuestas a sus interrogantes.

Muchos quieren saber para qué fueron creados. ¿Estaban ya predestinados al sufrimiento, al dolor, a la soledad, etc.?

Le ruego al Señor que en su divino amor, permita que este libro ayude a cada lector a encontrar las respuestas que ha estado buscando sobre la Predestinación de Dios con el Hombre, y al mismo tiempo encuentren el camino a la felicidad.

Obispo. Dra. Laura E. Príncipe, PH.D., TH.D., D.D.

INTRODUCCIÓN

¿Fue creado el ser humano predestinado o en su omnisciencia sabe Dios de antemano su destino?

Si el ser humano fue predestinado, las consecuencias de sus actos, ¿pueden ser imputadas?

Si aceptamos la predestinación, ¿qué significado tendríamos de ser responsables de nuestros actos?

¿Qué sentido tiene la expiación de Cristo realizada en la cruz del Calvario, si somos predestinados?

¿El por qué un juicio y una condenación eterna, si el destino del hombre ya está inevitablemente trazado?

En esta obra trataremos de esclarecer lo referente a la predestinación de Dios, tomando como base los argumentos controversiales y la correcta interpretación contenida en la Palabra de Dios (**La Biblia**). Trataremos de dar respuestas a estas preguntas y otras más que el lector pueda formularse.

Evitaremos especular con argumentos no convincentes y sobre todo demostrar que el Creador, como dice Su Palabra: "Y vio Dios que era bueno." Al crear a los seres angelicales y al ser humano, lo hizo diferente al resto de la creación. Lo dotó de inteligencia y de la libertad para tomar decisiones.

El Autor

PARTE I

LA PREDESTINACIÓN DE DIOS

Al crear Dios al hombre, su deseo fue que viviese para siempre, en una íntima comunión y relación con Él. Esa relación sería recíproca. Dios le daría al hombre provisión y protección y el hombre honraría a Dios con alabanza y adoración.

"Mas la hora viene, y ahora es, cuando los verdaderos adoradores adorarán al Padre en espíritu y en verdad; porque también el Padre tales adoradores busca que le adoren." (Jn.4.23).

Por esa razón facultó al hombre de inteligencia, creándolo a su imagen y semejanza. Un Dios santo, hizo al hombre dotado de santidad. Fue creado en plena libertad para tomar decisiones.

La predestinación no se debe interpretar en base a la omnipotencia de Dios, como algo planificado, donde Él determina el destino de su creación. El ser humano no fue creado premeditado, cuyo fin anticipadamente estaba previsto. La predestinación de Dios está basada en su omnisciencia.

Todo lo que Dios creó, lo creó con un propósito, estableciendo leyes físicas y morales que ejercen un control en el vasto universo, así como en las especies y los seres inteligentes.

El hecho de que los ángeles y los seres humanos hayamos violado ese orden, no significa que el Creador haya fracasado o así lo haya dispuesto.

En su Omnisciencia Él está consciente de manera previa de todo lo que acontece y acontecerá.

Ahora, todo el que viole o infrinja su mandato y el orden establecido, es responsable de sus actos. Los males que afectan a la humanidad y aquello que ocasiona devastación en la naturaleza, es parte del pago de la mala decisión del ser humano.

En su origen fue creado a imagen y semejanza de su creador, por lo tanto, Dios no es injusto. No obstante, ante una actitud de infidelidad y desobediencia, Él restaurará y restablecerá todas las cosas y su propósito será una realidad.

PARTE II

LA PREDESTINACIÓN Y LA NATURALEZA PECAMINOSA

Adán y Eva fueron elegidos por Dios en pureza y santidad, para continuar la multiplicación biológica de los seres humanos. !Qué gran bendición!

Un mundo lleno de seres humanos santificados, saturados del amor puro y genuino del supremo y excelso Dios. La Tierra estaría cubierta de las alabanzas y adoraciones de seres agradecidos, en una doxología de corazones repletos de paz, dedicada al Trino Dios. Libres de preocupaciones, tristezas, hambre, llanto, dolor y de la muerte.

Viviendo para siempre sin fronteras que nos separen; sin diferencias de raza y discriminación. Un mundo planificado y diseñado por su Creador, donde el ser humano vendría a ser la corona de su creación.

Si ése mundo fue el diseño de Dios, ¿por qué vivimos en un mundo lleno de sinsabores, conflictos y males? ¿Por qué tantas indiferencias, incomprensiones, maltratos, odios y rencores? ¿Por qué en lugar de crecer y multiplicarnos, somos peregrinos, naciendo y muriendo, y lo peor, destruyéndonos a nosotros mismos? ¿Por qué tenemos que heredar los males de quienes fueron los causantes?

Hay una razón clave para dar respuestas a éstas preguntas.

Al ser creado el hombre en estado de perfección, sólo tenía conocimiento del bien, en la pareja no había maldad.

El Árbol de la Ciencia del Bien y del Mal, podemos calificarlo como un símbolo donde su fruto vendría a ser en el hombre, una representación de su intelecto o conciencia. En su condición primaria, el ser humano fue creado con un intelecto limitado. Limitado solo a lo positivo o bueno. Es lo que interpretamos como el estado de inocencia. Ese estado quedó alterado, en el acto de desobediencia. Al desobedecer y tomar del fruto prohibido, en el momento que lo comen, sus intelectos o mentes se activan. Comienzan a ver y apreciar las cosas desde otro punto de vista.

Ahora descubren cómo sus emociones y sentimientos son afectados. Experimentan el temor, el miedo, el pudor y la vergüenza. Se dan cuenta que ahora ya no son los mismos.

Esto ocasiona lamentablemente, que el molde de perfección quede alterado y la descendencia del Edén, venga a ser producto de esa condición alterada. Dios en su Omnisciencia, antes de crear la pareja, estaba en conocimiento de que esto iba a suceder. Se dio cuenta de que una combinación de curiosidad y manipulación, iban a producir cambios en su creación.

Satanás, padre de la mentira, al seducir a Eva, y lograr su objetivo, ahora consigue que Eva se convierta en su aliada y esté bajo sumisión. Eva usa la misma artimaña para seducir y convencer a su compañero. Con suma facilidad, Adán cae en la trampa. Adán en lugar de reprender y desaprobar el hecho cometido por Eva, se deja seducir y cae en la desobediencia.

Esa es la obra del Diablo: Hurta, Destruye y Mata. (Jn.10.10). De esa manera, todos los seguidores de Satanás, son utilizados como instrumentos de maldad.

Los seres humanos al nacer, nacen con una naturaleza pecaminosa, pero en estado de inocencia. A medida que su intelecto o mente comienza a desarrollarse, va adquiriendo conocimiento. Aprende a diferenciar y apreciar, y por medio de sus sentidos hace comparaciones y se va dando cuenta de cosas positivas y negativas, agradables y desagradables.

El conocimiento del bien y el mal se va desarrollando haciendo al hombre, un ser consciente del ambiente que lo rodea. Ya a ese nivel de conocimiento, es responsable de sus actuaciones. Su condición estará regida en base a como lleve el control entre el bien y el mal.

El problema es que así como en el Edén había un intruso, astuto y sagaz, ése enemigo del hombre está todavía presente en el mundo. Se aprovecha de la naturaleza caída del hombre, de los deseos engañosos de la carne y los placeres y deleites del mundo.

Satanás aliado con la carne y el mundo, logra que el hombre natural, así como sucedió con Adán y Eva, desobedezca y peque. Por eso la Palabra de Dios declara: Como está escrito: *"No hay justo ni aun uno; No hay quien entienda. No hay quien busque a Dios. Todos se desviaron, a una se hicieron inútiles; No hay quien haga lo bueno, no hay ni siquiera uno."* (Ro.3.10 -12).

Basado en esto, no es propio de que señalemos a nuestros primeros padres de los que nos acontezca. La misma libertad para elegir nuestras actuaciones, buenas o malas, también las tenemos.

Aunque la naturaleza pecaminosa es una herencia, está en nosotros hacer uso de ella o no.

Con respecto a la nación de Israel, al ser escogida como nación de ejemplo ante las demás naciones, como veremos más adelante fracasó. Se dejaron influenciar por el paganismo, practicando la idolatría, corrompiéndose y endureciendo sus corazones.

Se comprueba que el hombre, por su inclinación egocentrista le da la espalda a Dios. Esa es la razón por la cual Dios, viendo la condición de la humanidad, trazó su plan de salvación, restauración y vida eterna.

PARTE III

LA PREDESTINACIÓN BASADA EN LA OMNISCIENCIA DE DIOS

Si el ser humano no fue creado predestinado, ¿Cómo podemos explicar la predestinación de Dios? La predestinación de Dios, una vez que el hombre fue concebido en su mente, se aplica a la facultad que Él posee en Su omnisciencia. Él sabe todo lo que acontece y acontecerá, porque no hay nada oculto para Él.

"Porque no hay cosa oculta, que no haya de ser manifestada; ni cosa escondida, que no haya de ser entendida, y de venir a luz." (Lc.8.17).

Tomando en cuenta la conducta del hombre, Dios haciendo uso de su Omnisciencia, da un recorrido del presente al futuro. Así, de esa manera, se da cuenta de las obras y el destino final de cada ser humano. Al tener la capacidad de decidir y elegir, el hombre es responsable de sus actos y consecuencias.

Podemos decir, que toda acción buena o mala, es el resultado de esa decisión y no de Dios. El raciocinio, o la habilidad de discernir, le declara lo que hace y lo que acarrea. El pecado provocó que el hombre tuviese conocimiento del mal, dando origen a actitudes negativas. Lo lamentable es que los seres humanos, a causa de la desobediencia de nuestros primeros padres (Adán y Eva), nacemos y heredamos una naturaleza pecaminosa.

Pero, no hay excusa. ¡No todo está perdido! Dios en su misericordia provee un medio por el cual el hombre puede ser restaurado. Ese medio está en la Providencia de Dios.

PARTE IV

LA PREDESTINACIÓN Y LA PROVIDENCIA DE DIOS

En el Edén el primer hombre fue probado. Dios no quiso imponer su autoridad y hacer del hombre un ser sometido a su voluntad por la fuerza. No hizo una máquina, un robot o una marioneta, programados o accionada por cuerdas.

El Hacedor le dio libertad de acción. Le proveyó y lo protegió en todo lo necesario. Para probar su fidelidad, estableció leyes y ordenanzas. Le dio la autoridad sobre lo que había creado, con excepción del lugar prohibido.

El árbol de la ciencia del Bien y del Mal, sería la prueba de fidelidad y obediencia. Si la pareja del Edén no hubiese desobedecido, el destino de ellos y su descendencia sería de bendición eterna. Se cumpliría el deseo de Dios. El mandato de creced y multiplicaos, haría que la Tierra se llenara de seres humanos bendecidos y santificados.

Las ordenanzas de su Creador; de disfrute, multiplicación biológica y una vida de felicidad plena, serían para el hombre y su descendencia, la prueba de un Dios de amor. La pareja al desobedecer el mandato de Dios, fue desterrada y sentenciada a vivir una vida desprovista de la provisión y protección de su Creador.

Si Dios hubiese trazado el destino de los seres humanos, no hubiese preparado un plan de rescate. Al ver Dios a la humanidad caída, pone en acción su providencia. En Génesis 3.15, Dios muestra su amor y misericordia.

Le deja ver a la humanidad caída y desamparada, que no todo estaba perdido. La providencia de Dios estaba siendo provista. Dios le promete a la pareja, que la simiente de una mujer le iba a aplastar la cabeza al enemigo de Dios y del hombre. La serpiente, en este caso, figura y símbolo de Satanás, el querubín caído.

En esa promesa de liberación y salvación, por medio de la simiente, la humanidad sería rescatada y liberada del pecado.

➢ Gn. 3.15

15. "Y pondré enemistad
    entre ti y la mujer,
    y entre la simiente y la simiente suya;
    ésta te herirá en la cabeza,
    y tú le herirás en el calcañar."

PARTE V

LA PREDESTINACIÓN
DE ABRAHAM

Desde el instante que la pareja está consciente de su desobediencia, comienzan a sentir sensación de miedo, temor y culpa. Sus mentes estaban siendo invadidas por estas sensaciones. Sentimientos que antes no habían experimentados.

Su reacción fue ocultarse y tratar de cubrir su desnudez. Dios los llama y los cubre. La desobediencia rompe la relación que tenían con Dios. Esto ocasiona que Adán y su descendencia mueran física y espiritualmente.

Al Caín matar a su hermano Abel, se inicia una cadena ininterrumpida de todos los males que a diario acontecen en el mundo. El caos en que vive la humanidad, es el resultado y consecuencia de la infidelidad y la desobediencia.

Dios hace uso de su Omnisciencia, llamando y separando hombres. El propósito; rescatar a la humanidad perdida.

Grandes figuras y nombres ilustres encontramos en la Biblia que fueron utilizados por Dios. Dentro de ellos mencionamos al padre de la fe, Abraham. Dios le hace un llamado de Ur de los Caldeos. Lo saca de la idolatría e inicia una relación con él. Fielmente obedece las instrucciones que, fuera de lógica y difícil comprensión, él las sigue por fe.

Creyó en esperanza contra esperanza, para llegar a ser padre de muchas gentes…. (Ro.4.18).

Así, un Dios abstracto e invisible, se dejaba ver en cada paso de fe que Abraham daba. Esa fe se fortalecía en las vivencias que experimentaba, en las cosas fuera de lo común que Dios le mostraba.

La relación del padre de la fe con Dios se aumentaba, llegando al grado que lo imposible para el ser humano, se hizo posible.

Siendo su mujer estéril y ambos avanzados en edad, nace el hijo de la promesa. De un hombre de fe, surgió una familia, y de esa familia, una nación. La Nación de Israel.

Abraham fue predestinado, porque Dios en Su omnisciencia, se dio cuenta que este hombre iba a llevar a cabo lo que Él se proponía, y así fue.

PARTE VI

LA PREDESTINACIÓN
Y LA PROFECÍA

El trato de Dios con la nación de Israel, nación separada y escogida por Dios, tenía como propósito ser ejemplo. Atraer a las naciones idólatras y paganas al conocimiento y sometimiento a Él.

El Dios de Israel era un Dios notable entre los dioses. Era y es un Dios real, hacedor de maravillas y grandes proezas. Se identificó con este pueblo. Le dictó leyes y ordenanzas. Estableció con ellos un gobierno teocrático, es decir, Gobierno de Dios.

Por medio de Moisés liberó a los descendientes de Abraham, Isaac y Jacob de la esclavitud. Al morir el gran caudillo Moisés, este fue sustituido por Josué. Moisés fue predestinado para liberar y constituir a los israelitas como una nación.

Así Josué fue también predestinado para conducirlo a la Tierra Prometida. El conquistador Josué y todo el pueblo, asombrados vieron desmoronarse los muros de Jericó. Estos muros declarados impenetrables, fueron destruidos por el poder de Dios.

Los muros se cayeron, pero tuvieron que enfrentarse con los gigantes que allí habitaban, para poder poseer la tierra. Por mediación de la nación de Israel, Dios le mostraría a la humanidad, que no podría restaurarse por sí misma. La redención del hombre, no se lograría por el hombre.

La razón es, que el ser humano por su condición caída y con una naturaleza pecaminosa, sería incapaz de restaurar lo que en el Edén se había perdido. La tendencia del ser humano es hacia el mal. Por esta razón Dios llamó y comisionó a los profetas.

Por medio de sus profetas, les advierte a la nación y a sus dirigentes; Gobernantes, reyes y jueces. Le señala con anticipación, los acontecimientos futuros y sus consecuencias.

En lugar de reaccionar en sumisión, se hacían más reacios y rebeldes. La razón de hacérselo saber era, para que así enterados, no tuviesen excusas. Los Mandamientos habían sido dados. Dios demandaba su cumplimiento.

Por medio de los profetas, les pronosticaba lo que iba a suceder. Así como da a conocer el estado del tiempo, el que está especializado en esto. Pero hay una diferencia, sus pronósticos con frecuencia son equivocados, pero no la profecía de Dios.

Los israelitas cometieron un grave error. Solicitaron ser gobernados por una monarquía. Dios demuestra no ser un dictador, y le acepta su petición. Esto trajo consecuencias trágicas para la nación, hasta el día de hoy.

Tiempo de bendición y tiempo de maldición, según el comportamiento de sus gobernantes y la conducta del pueblo. Dios es un Dios Justo. A cada cual le da, lo que cada cual merece. Él, al que ama castiga, con la intención de que procedan al arrepentimiento de sus obstinadas rebeldías y desobediencias.

Habiendo tomado los israelitas la decisión de ser gobernados por un rey, Dios no los desampara. Movido en misericordia, deja en función a los profetas; para orientarlos, corregirlos, exhortarlos y protegerlos.

Por lo tanto, Dios no debe ser calificado como un Dios injusto. Querer interpretar la predestinación, desde la perspectiva o apreciación, de que el destino de la humanidad, es el resultado de su soberana voluntad. Dios no es el causante de los males y catástrofes que afectan su creación.

Lo que acontece, bueno o malo, es en cambio el resultado del mal uso del libre albedrío. Tanto Israel, como los seres humanos, experimentando los favores de Dios y sus bendiciones, en lugar de agradecer, les damos la espalda. El egoísmo, la ambición y el orgullo, son tres gigantes que atrapan y encadenan al ser humano.

La profecía es como un espejo, que revela y refleja nuestra conducta, antes de que se haga manifiesta. Lo lamentable es, que no corregimos lo que Dios anticipadamente nos advierte y deja ver.

Al Dios demostrar que el hombre no puede ser restaurado por el hombre, como hemos mencionado, pone en acción un plan de rescate. Dios usa a los profetas para anunciar a un Mesías. Este Mesías, proveniente de la tribu de Judá, del linaje de David, evitaría el fracaso total del pueblo de Dios.

Toda su misión, incluyendo su advenimiento, nacimiento, ministerio, muerte y resurrección, están contenidos en las profecías.

Ese Mesías anunciado, vino a ser *Emanuel*, es decir, Dios con nosotros.

➤ Isaías 7:14
14. "Por tanto, el Señor mismo os dará señal: He aquí que la virgen concebirá, y dará a luz un hijo, y llamará su nombre *Emanuel*."

➤ Mateo 1.23
23. He aquí, una virgen concebirá y dará a luz un hijo, Y llamarás su nombre *Emanuel*, que traducido es: Dios con nosotros."

PARTE VII

LA PREDESTINACIÓN
Y LA GRACIA

! En el principio era el Verbo, el Verbo era con Dios, el Verbo era Dios! (Jn. 1.1). La condición pecaminosa del hombre impedía su restauración y reconciliación con Dios.

Dios por mediación del Verbo, le iba a mostrar y ofrecer al mundo el camino de la restauración y la reconciliación. Su Palabra encarnada, (el Verbo) fue manifestada al mundo.

Dios por medio del Espíritu Santo, introduce en un cuerpo su Palabra. Un cuerpo no contaminado, sino mas bien, engendrado por obra del Espíritu Santo. Esa combinación del cuerpo y la Palabra de Dios, da como resultado la persona de Jesús.

Cien por ciento hombre, y cien por ciento Dios. De esa manera, podemos entender y aceptar, el porqué es declarado *Emanuel*, Dios con nosotros.

La dispensación de la Gracia es el espacio de tiempo y la oportunidad que Dios le da a la humanidad, para que se torne a Él. La Gracia de Dios manifestada en Jesús, es la demostración de amor y misericordia, más grande que Dios le brinda al hombre.

!Cielo abierto, oportunidad para todos! Su Palabra dice: "Dios muestra su amor para con nosotros, que siendo aun pecadores, Cristo murió por nosotros." (Ro.5.8).

La desobediencia del primer hombre provoca, que su descendencia heredara una naturaleza pecaminosa.

El postrer Adán, Jesús, en su obediencia logra que los seres humanos, seamos restaurados y justificados. (Ro.5.18, 19).

Con la llegada de Jesús al mundo, Dios le da la oportunidad a la humanidad, a todos, no a un grupo seleccionado o exclusivo, de restablecer su relación con Él. Una vez más el ser humano tiene ante sí, la opción de elección.

Ante él está la senda ancha y estrecha. Si eliges la senda ancha, podrás disfrutar de todo lo que el mundo brinda para satisfacción de la carne. Si eliges la senda estrecha, tendrás que renunciar a lo corruptible y abominable.

En la primera, podrá declarar que todo lo puede sin restricciones. En la segunda, decide evitar todo lo que ofenda a Dios. Los de la senda ancha, viven conforme a su ego, sin temor a las consecuencias. Los de la senda estrecha, están seguros hacia donde se dirigen y qué les espera al final de la jornada.

Dios no impone u obliga. En ambas situaciones están en libertad de tomar el rumbo que deseen.

Es un error considerando la predestinación, expresar que Dios tiene separados y elegidos. Los que han de ser salvos o condenados. Dios claramente deja ver, advierte el peligro y da avisos y mensajes de alerta.

No hay excusa. Si anunciamos los peligros inminentes anticipadamente del estado del tiempo como:

Inundaciones, terremotos y huracanes. Así como advertencias en las carreteras sobre las precauciones que se deben toman en las curvas, puentes caídos, vías resbaladizas, etc.... Los que no presten atención o desobedecen, podemos asegurar, que tendrán un accidente.

Si comparamos la predestinación de Dios con relación al hombre, y la predestinación de las hormigas, podemos predestinar lo que a las hormigas le vayan a pasar. Imaginémonos un mundo de hormigas. Observamos que van rumbo a un abismo. Si no se detienen o se desvían, su destrucción es segura.

Al darnos cuenta del peligro, comenzamos a clamar, llamar, advertir, avisar y por último, tratar de convencer. Hacemos un extraordinario esfuerzo para evitar una catástrofe masiva. Lamentablemente todo el esfuerzo es en vano. La gran mayoría cae al vacío y perece. Veíamos lo que las hormigas como insectos no podían ver. El destino de las hormigas estaba previsto para el hombre, pero las hormigas no sabían su destino. No obstante, las que obedecieron al llamado, fueron salvas, mas las que no creyeron al aviso y siguieron el camino de perdición, perecieron. Si el ser humano tiene la capacidad de poder apreciar el futuro, en este caso, de las hormigas, ¡Cuánto más Dios en su omnisciencia y su omnipotencia!

Seamos inteligentes, sabios y astutos. Tomemos la decisión de obedecer, no nos vaya a suceder lo que le sucedió a las hormigas.

PARTE VIII

LA PREDESTINACIÓN
Y LA ELECCIÓN

Dios antes de la fundación del mundo, concibió en su mente un diseño de su creación. En ese diseño estaba incluida su obra cumbre. La creación de los ángeles y la creación de los seres humanos.

Tanto a los ángeles, como a los seres humanos los dotó de inteligencia. Dios antes de consumar o hacer efectiva su creación, hace uso de su omnisciencia. Así como se proyecta en una pantalla un video o una película, Dios evalúa su creación.

En esa evaluación, se da cuenta que tanto el Querubín Protector, como Adán y Eva, se iban a revelar y serles infieles. De esa manera se da cuenta de lo que iba acontecer en su creación. Sin embargo, determina ejecutar su plan, reconociendo previamente los acontecimientos.

Además de iniciar su creación, anticipadamente establece su plan de restauración. Por eso es que desde antes de la fundación del mundo, Él sabe a quién elegir o separar. La elección de Dios está basada en la determinación, en cuanto a los seres humanos de aceptar ser restaurados.

Dios, antes de que Adán y Eva fuesen creados, aplicando Su omnisciencia, observa como desobedecen. Previamente prepara un plan de rescate, a través de Jesús.

Todos aquellos que le aceptan, son elegidos, separados y reconocidos como hijos de Dios.

"Mas a todos los que le recibieron, a los que creen en su nombre, le dio potestad de ser hechos hijos de Dios." (Jn. 1.12).

No por imposición, sino por aceptación voluntaria. Así, desde antes de la fundación del mundo, el Creador se da cuenta de cuál será el destino de cada ser humano. Su plan de crear seres santos, no se debería ver como un fracaso de Dios.

Llegará un día que Dios, pondrá cada cosa en su lugar. Su plan y propósito creativo, llegará a una conclusión exitosa. Todo será como Él lo planificó y diseñó. Esa es la razón por la cual debemos consagrarnos, recibiendo por ende, la santificación de nuestras vidas.

Por fe, aceptar a aquel que Dios separó desde antes de la fundación del mundo. Su misión: Restaurar y reparar lo que el acto de desobediencia ocasionó. De esta manera podemos entender lo que ha traído diferencias interpretativas.

Confrontaciones acerca de la elección y predestinación. Según Efesios 1.4-5, Dios escoge con un propósito: Ser santos y sin manchas delante de Él. Al indicar ***fuésemos***, significa que no ***éramos***. Por lo tanto, escoge por amor, aplicando su misericordia en Cristo.

Queda claro que Dios predestina a aquellos que por medio de Jesús toman la decisión de aceptar la adopción como hijos.

En Jesús llenamos los requisitos de ser santos y sin manchas. Dios nos acepta como hijos, por el puro afecto de su voluntad. No somos merecedores, por gracia somos salvos.

Los que no cumplan con esta condición, serán rechazados.

➤ Juan 3.16

    16. "Porque de tal manera amó Dios al mundo, que ha dado a su Hijo unigénito, para que todo aquel que en Él cree, no se pierda, mas tenga vida eterna."

El que escribió a la iglesia de Efeso fue el Apóstol Pablo. Expresa: "Según nos escogió en Él." ¿En quién? En Jesús. Fuimos escogidos por Dios en Jesús, pasando a formar parte de la familia de la fe, su iglesia.

Por lo tanto, Dios sabe quiénes serán salvos y quiénes no. Lo importante y necesario es, que seamos parte de esa elección. Reconocer que sólo se logra por mediación del enviado de Dios.

➢ Efesios 1.4-5
   4. "Según nos escogió en Él antes de la fundación del mundo, para que fuésemos santos y sin mancha delante de Él,
   5. en amor habiéndonos predestinado para ser adoptados hijos suyos por medio de Jesucristo, según el puro afecto de su voluntad."

PARTE IX

LA PREDESTINACIÓN DE JUSTOS E INJUSTOS

Nos podríamos preguntar: ¿Y qué de aquellos, cuyas vidas fueron contraria y opuesta a la voluntad de Dios? ¿Sus vidas fueron marcadas y destinadas para perdición?

Como respuesta enfatizamos, que Dios no estableció dos categorías o grupos. Los buenos y los malos. Así como hubieron y hay seres humanos sometidos a su creador, así también los hay que fueron y son rebeldes.

Esta condición, de rebeldía y desobediencia, no ha sido ni es la voluntad de Dios. En su capacidad de saber todas las cosas, Él se da cuenta de todo lo que acontecerá. Su creación inteligente: Angelical y humana, tiene la potestad dada por Dios, de elegir y trazar su destino.

De ahí, que lo justo e injusto, queda determinado en el proceder y conducta. Sometidos a una relación Creador/creaturas, pero no obligados.

La decisión, por lo tanto es determinante para ser rechazados o aceptados, elegidos o reprobados. La oportunidad de decidir es ahora. La esperanza de reconciliación está vigente. Es para todos.

Usted decide servir a Dios o no. No es Dios, sus padres, parientes cercanos o lejanos, los que tracen su destino, es usted. Usted y sólo usted, es responsable de sus actos.

¿A qué lado desea estar? ¿En la fila de los injustos, infieles y desobedientes? ¿O en el grupo de los fieles, que decidieron ser restaurados?

➢ Romanos 8.1
   1. "Ahora, pues, ninguna condenación hay para los que están en Cristo Jesús, los que no andan conforme a la carne, sino conforme al Espíritu."

Dios sabe el destino de su creación, incluyendo tu destino. Usted no lo sabe. Mientras estemos vivos, tenemos esperanza. Después de muerto, ya no podemos tomar decisiones. La opción es ahora.

Hoy es el tiempo aceptable. ¡Hoy es el día de Salvación! (2Co.6.2). Dios no desea que seamos rechazados o condenados, sino que procedamos al arrepentimiento. La decisión es nuestra.

➢ 2 Pedro 3.9
   9. "El Señor no retarda su promesa, según algunos la tienen por tardanza, sino que es paciente para con nosotros, no queriendo que ninguno perezca, sino que todos procedan al arrepentimiento."

PARTE X

LA PREDESTINACIÓN
Y LA APOSTASÍA

Mayor condenación hay para aquellos, que sabiendo lo bueno hacen lo malo.

➤ Hebreos 10.29-31

29. "¿Cuánto mayor castigo pensáis que merecerá el que pisoteare al Hijo de Dios, y tuviere por inmunda la sangre del pacto en la cual fue santificado, e hiciere afrenta al Espíritu de gracia?
30. Pues conocemos al que dijo: Mía es la venganza, yo daré el pago, dice el Señor. Y otra vez: El Señor juzgará a su pueblo.
31. ¡Horrenda cosa es caer en manos del Dios vivo!"

Hay quienes están convencidos de que una vez que aceptan a Jesús, son salvos, siempre salvos. Se basan en que la naturaleza pecaminosa de la carne estará vigente hasta que seamos transformados.

Afirman que Dios no tomará en cuenta para condenación, las faltas que se cometen. Argumentan que lo único que será considerado es que no participarán en el reparto de las recompensas en el Tribunal de Cristo.

Que así como la comparación de la madera, el heno y las hojarascas, fueron pasadas por fuego, así serán purificados en el cielo. Esto es falso e inaceptable debido a que toda acción contraria a la pureza y a la santificación, es pecado. No hay lugar intermedio. No existe el purgatorio.

Ahora que estamos vivos y conscientes de culpa, la sangre de Cristo nos limpia de todo pecado. (1Juan 1.7). Es muy importante reconocer que estamos bajo la influencia de dos fuerzas: La carnal y la espiritual. Por dos reinos invisibles: El reino del bien y el reino del mal. Sólo podemos mantenernos firmes como cristianos, consagrando nuestras vidas.

Consagración significa apartarnos de lo corruptible y de la concupiscencia. Desechar las obras de la carne y practicar el fruto del Espíritu.

> ➢ Gálatas 5.19-24
> 19. "Y manifiestas son las obras de la carne, que son: adulterio, fornicación, inmundicia, lascivia,
> 20. idolatría, hechicerías, enemistades, pleitos, celos, iras, contiendas, disensiones, herejías,
> 21. envidias, homicidios, borracheras, orgías, y cosas semejantes a estas; acerca de las cuales os amonesto, como ya os lo he dicho antes, que los que practican tales cosas no heredarán el reino de Dios.
> 22. Mas el fruto del Espíritu es amor, gozo, paz, paciencia, benignidad, bondad, fe,
> 23. mansedumbre, templanza; contra tales cosas no hay ley.
> 24. Pero los que son de Cristo han crucificado la carne con sus pasiones y deseos."

Por eso, arrastrados por esas corrientes invisibles, pero reales, grandes figuras y personajes de la Biblia, han quedado marcados por sus hechos.

Así encontramos a Caín que mata a su hermano Abel, cegado por su celo y envidia, los hijos de Coré, que fueron tragados por la tierra, al Faraón de Egipto endureciendo su corazón y tratar de impedir la libertad de la esclavitud a la descendencia de Abraham, Isaac y Jacob. (Los judíos), Herodes, Judas, Ananías y Safira, por mencionar a algunos.

En la relación de Dios con el hombre, estos fueron instrumentos de maldad. Fueron protagonistas y causantes de sus destinos. Dios, en su soberana voluntad, permitió que actuaran según sus inicuos propósitos. (¡Hay de ellos!, porque han seguido el camino de Caín, y se lanzaron por lucro en el error de Balaam, y perecieron en la contradicción de Coré. Judas 11.)

➤ 2 Pedro 2.12

12. "Pero éstos, hablando mal de cosas que no entienden, como animales irracionales, nacidos para presa y destrucción, perecerán en su propia perdición."

No fueron ignorantes, Dios le dio la oportunidad para que se detuvieran de su mal proceder. Su obstinación los llevó por el camino de la perdición. Apostataron algunos, negando su fe, y volviendo a la inmundicia e iniquidad que habían dejado atrás.

➤ 2 Pedro 2.21, 22

21. Porque mejor les hubiera sido no haber conocido el camino de la justicia, que después de haberlo conocido, volverse atrás del santo mandamiento que les fue dado.

22. Pero les ha acontecido lo del verdadero proverbio: "El *perro vuelve a su vómito*, y la puerca lavada a revolcarse en el cieno."

A medida que el fin se acerca, los piadosos y fieles creyentes están siendo desviados. Una nueva generación de *"apóstoles y profetas"* ha surgido. También *"evangelistas"*, que atraen grandes multitudes.

Éstos tienen y predican la Verdad, acomodándola en base a sus avaricias, la fama y el reconocimiento. Manipuladores sagaces que con artimañas logran convencer.

Son enaltecidos por aquellos que los ven como dioses, por las obras que hacen. En lugar de hacer énfasis en el mensaje central del cristianismo, éstos promueven la prosperidad, la siembra y la súper fe, para su propio provecho. Les dan más importancia a la sanidad corporal, que a la sanidad espiritual.

> 2 Pedro 2.18
>> 18. "Pues hablando palabras infladas y vanas, seducen con concupiscencias de la carne y disoluciones a los que verdaderamente habían huido de los que viven en error."

Los lugares sagrados los han convertido en salones de fiestas y clubes sociales. El verdadero significado de la adoración, está desapareciendo.

El temor reverenciar a Dios está siendo sustituido por una postura de libertinaje. La nueva generación de líderes espirituales, sustituyen lo sacro por innovaciones, que manipulan y controlan las emociones.

Las gentes asombradas por lo que ven; admiran y exaltan a los que realizan prodigios y milagros. No tienen cuidado de verificar si tales prodigios o milagros provienen de Dios.

Estos se toman la gloria y el reconocimiento para sí, y no se la dan al Dios que los "usa". Se llenan de vanagloria, ambición y codicia, convirtiéndose en pequeños "dioses".

Promueven con sus actitudes la idolatría. Estos famosos comenzaron por el *buen camino*, pero su egocentrismo los desvió de la verdad, para transitar por el camino de la falsedad y la arrogancia.

➢ 2 Pedro 2.1-2

1. "Pero hubo también falsos profetas entre el pueblo, como habrá entre vosotros falsos maestros, que introducirán encubiertamente **herejías** destructoras, y aun negarán al Señor que los rescató, atrayendo sobre sí mismos destrucción repentina.

2. Y muchos seguirán sus disoluciones, por causa de los cuales el camino de la verdad será blasfemado."

PARTE XI

LA PREDESTINACIÓN Y LOS VASOS DE HONRA Y DESHONRA

Como punto de partida referente a los vasos, debemos situarnos en la creación de Dios. Tanto, los seres angelicales, como la pareja humana (Adán y Eva), fueron creados como vasos de honra, para usos honrosos.

Dios no creó a Satanás, Él creó un querubín, dechado de perfección. Del mismo modo creó Dios a Adán, según su imagen y semejanza. En ambas creaciones, Dios le da libertad para mantenerse fieles, sometidos a obediencia, o rebelarse en contra al propósito por los cuales fueron creados.

De acuerdo al relato bíblico, encontramos que, así como los vasos fueron formados por el alfarero, así, tanto los ángeles, como el primer hombre, fueron formados o creados por Dios.

En la comparación de los vasos; de oro, plata, madera o de barro, el asunto no está en el material en que fueron hechos, sino el uso para los cuales fueron hechos.

En lo que respecta a Dios, fueron hechos para honra. Ahora bien, la desobediencia provocó que tanto el querubín, como la pareja, se corrompan. Esto trajo como resultado, que el uso quede determinado de acuerdo a la propia decisión de los vasos.

Hay que aclarar que en el ejemplo del alfarero, los vasos en sentido literal, son objetos o utensilios, y por lo tanto, el alfarero determina cómo utilizarlos.

En el caso de Dios, está claro, que la referencia de la ilustración figurativa de los vasos, se trata de seres dotados de inteligencia y un libre albedrío. Esto marca la diferencia.

Basado en la expresión del Apóstol Pablo de: *"Con el que quiere tiene misericordia y al que quiere endurecer, endurece"*, (Ro.9.18). Usted se preguntaría: Entonces, ¿es por imposición?

Para poder entender esto, tenemos que apoyarnos en otra expresión: *"Dios no desea que nadie se pierda, sino que todos procedan al arrepentimiento."* (2P.3.9).

Llegamos a la conclusión de que el arrepentimiento nos da paso a ser restaurados como vasos de honra, **por su misericordia**. Pero esto es con el que lo desea. La misericordia de Dios es para todos. En el versículo 22 del capítulo 9 de la Epístola del Apóstol Pablo a los Romanos, encontramos, cómo Dios, luego de haber empleado su paciencia (misericordia) con los vasos de ira, y al ellos no arrepentirse, los utilizó y preparó para destrucción. Ellos tuvieron la oportunidad para cambiar, pero no quisieron.

El medio por el cual se aplica la misericordia de Dios, es en Jesús (**el postrer Adán**), que pagó con su muerte expiatoria nuestras culpas.

En Jesús, todos los que a Él acudan, (**¡misericordia para todos!**), y por fe le acepten como su Salvador, Él, sólo Él, los limpia, purifica y hace de ellos vasos de honra.

➤ 2 Timoteo 2.21
21. "Así que, si alguno se limpia de estas cosas, será instrumento para honra, santificado, útil al Señor, y dispuesto para toda buena obra."

En cuanto a la clasificación: Oro, plata, madera, y barro, se debe interpretar, como un asunto de posición o jerarquía.

➤ 2 Timoteo 2.20

> 20. "Pero en una casa grande, no solamente hay utensilios de oro y de plata, sino también de madera y de barro; unos son para usos honrosos, y otros para usos viles."

Basado en sus cualidades y desempeños, muchos personajes descritos en la Palabra de Dios, fueron de honra y otros de deshonra.

Encontramos en el trato de Dios con el hombre, comenzando con Adán, una cadena de personas, incluyendo familias y pueblos, cuyas actitudes llenas de rebeldía, provocaron la ira de Dios. Se convirtieron en vasos deshonrosos.

El Creador, conociendo su proceder los usa, en su voluntad permisiva, endureciendo sus corazones para cumplir su propósito. De la misma manera los vasos de honra, en su condición de sumisión y obediencia, son usados por Dios, como instrumentos de restauración y justicia.

De una manera u otra Dios, en su misericordia, le da la oportunidad a todos. Los que se someten a Él son bendecidos, y aquellos que le rechazan, o no acuden a su llamado, los endurece.

Sus corazones endurecidos, y sus entendimientos entenebrecidos, están llenos de iniquidad y corrupción. Dios los usa como vasijas de obstrucción y oposición. Son utilizados para dejar ver Su poder y gloria, y sean el medio por el cual los fieles sean probados.

Así, una vez identificados, Dios les da el uso que corresponde de acuerdo a la libre selección que hayan tomado, en su proceder, conducta y comportamiento.

Serán vasos para usos honrosos o viles, no por la voluntad y decisión de Dios, sino por voluntad propia.

➤ Isaías 45.22-24

> 22. Mirad a mí, y sed salvos, todos los términos de la tierra, porque yo soy Dios, y no hay más.

23. Por mí mismo hice juramento, de mi boca salió palabra en justicia, y no será revocada: Que a mí se doblará toda rodilla. Y jurará toda lengua.

24. Y se dirá de mí: Ciertamente en Jehová está la justicia y la fuerza; a Él vendrán, y todos los que contra Él se enardecen serán avergonzados.

PARTE XII

LA PREDESTINACIÓN Y LA SOBERANÍA DE DIOS

La Soberanía de Dios se manifiesta en su Omnipotencia, su Omnisciencia y su Omnipresencia.

La proclamación de la Soberanía de Dios la encontramos en forma clara y directa en el segundo libro del Pentateuco, y en el primer libro de Poesía o Sapiensales del Antiguo Testamento.

➤ Éxodo 15.11

11. ¿Quién cómo tú, Jehová, entre los dioses? ¿Quién cómo tú, magnífico en santidad, terrible en loores, hacedor de prodigios?

En el libro de Job en el capítulo 38 versículos del 1-41, a base de preguntas, el Soberano Dios lleva a su siervo Job a reconocer que Él es el Supremo Creador de todo cuanto existe.

Que en Él, y sólo en Él, está el control y el dominio de su creación. Él es el excelso Dios del cielo y de la tierra. Le mostró a Job que Él tiene potestad de hacer de su creación lo que Él quiera.

No obstante, le hace ver que todo está regido bajo un orden perfectamente establecido. Sustenta y alimenta a los animales y las demás especies, incluyendo al hombre, proveyendo la lluvia temprana y tardía.

Todo lo hizo en base a leyes tan precisas, y en una sincronización tan exacta, que no existe margen a equivocación.

> Job 38. 1- 41
1. Entonces respondió Jehová a Job desde un torbellino, y dijo:
2. ¿Quién es ése que oscurece el consejo
   Con palabras sin sabiduría?
3. Ahora ciñe como varón tus lomos;
   Yo te preguntaré, y tú me contestarás.
4. ¿Dónde estabas tú cuando yo fundaba la tierra?
   Házmelo saber, si tienes inteligencia.
5. ¿Quién ordenó sus medidas, si lo sabes?
   ¿O quién extendió sobre ella cordel?
6. ¿Sobre qué están fundadas sus bases?
   ¿O quién puso su piedra angular,
7. Cuando alababan todas las estrellas del alba,
   Y se regocijaban todos los hijos de Dios?
8. ¿Quién encerró con puertas el mar,
   Cuando se derramaba saliéndose de su seno,
9. Cuando puse yo nubes por vestidura suya,
   Y por su faja oscuridad,
10. Y establecí sobre él mi decreto,
    Le puse puertas y cerrojo,
11. Y dije: Hasta aquí llegarás, y no
    pasarás adelante,
    Y ahí parará el orgullo de tus olas?
12. ¿Has mandado tú a la mañana en tus días?
    ¿Has mostrado al alba su lugar,
13. Para que ocupe los fines de la tierra,
    Y para que sean sacudidos de ella los impíos?
14. Ella muda luego de aspecto como barro bajo el sello,
    Y viene a estar como con vestidura;
15. Mas la luz de los impíos es quitada de ellos,
    Y el brazo enaltecido es quebrantado.

16. ¿Has entrado tú hasta las Fuentes del mar,
   Y has andado escudriñando el abismo?
17. ¿Te han sido descubiertas las puertas
   de la muerte,
   Y has visto las puertas de la sombra
   de la muerte?
18. ¿Has considerado tú hasta las anchuras
   de la tierra?
   Declara si sabes todo esto.
19. ¿Por dónde va el camino a la habitación
   de la luz,
   Y dónde está el lugar de las tinieblas,
20. Para que las lleves a sus límites,
   Y entiendas las sendas de su casa?
21. ¡Tú lo sabes! Pues entonces ya habías nacido,
   Y es grande el número de tus días.
22. ¿Has entrado tú en los tesoros de la nieve,
   O has visto los tesoros del granizo,
23. Que tengo reservados para el
   tiempo de angustia,
   Para el día de la guerra y de la batalla?
24. ¿Por qué camino se reparte la luz,
   Y se esparce el viento solano sobre la tierra?
25. ¿Quién repartió conducto al turbión,
   Y camino a los relámpagos y truenos,
26. Haciendo llover sobre la tierra deshabitada,
   Sobre el desierto, donde no hay hombre,
27. Para saciar la tierra desierta e inculta,
   Y para hacer brotar la tierna hierba?
28. ¿Tiene la lluvia padre?
   ¿O quién engendró las gotas del rocío?
29. ¿De qué vientre salió el hielo?
   Y la escarcha del cielo, ¿quién la engendró?
30. Las aguas se endurecen a manera de piedra,
   Y se congela la faz del abismo.

31. ¿Podrás tú atar los lazos de las pléyades,
    O desatarás las ligaduras de Orión?
32. ¿Sacarás tú a tiempo las constelaciones
    de los cielos,
    O guiarás a la Osa Mayor con sus hijos?
33. ¿Supiste tú las ordenanzas de los cielos?
    ¿Dispondrás tú de su potestad en la tierra?
34. ¿Alzarás tú a las nubes tu voz,
    Para que te cubra muchedumbre de aguas?
35. ¿Enviarás tú los relámpagos,
    para que ellos vayan?
    Y te dirán ellos: Henos aquí?
36. ¿Quién puso la sabiduría en el corazón?
    ¿O quién dio al espíritu inteligencia?
37. ¿Quién puso por cuenta los cielos
    con sabiduría?
    Y los odres de los cielos, quién los hace inclinar,
38. Cuando el polvo se ha convertido en dureza,
    Y los terrones se han pegado unos con otros?
39. ¿Cazarás tú la presa para el león?
    ¿Saciarás el hambre de los leoncillos,
40. Cuando están echados en las cuevas,
    O se están en sus guaridas para acechar?
41. ¿Quién prepara al cuervo su alimento,
    Cuando sus polluelos claman a Dios,
    Y andan errantes por falta de comida?

➢ Salmo 19.1
   1. Los cielos cuentan la Gloria de Dios,
      Y el firmamento anuncia la obra de sus manos.

Estudiando electrónica, en una de las lecciones, se hizo la comparación de la semejanza de lo más grande y lo más chico. En esa comparación se ilustró cómo la misma ley se aplica, en este caso, con relación al sol y los planetas, y a la parte más pequeña en que se divide la materia.

El sol ejerce una fuerza de atracción positiva, sobre los planetas que tienen una fuerza de atracción negativa. Las cargas iguales se repelen y las desiguales se atraen.

Tomando en cuenta este principio, el sol con su carga positiva atrae a los planetas. Los planetas, al ser atraídos por el sol, a medida que se acercan, al ser cargas iguales, se repelen entre sí.

Esto da como resultado que se establezcan las órbitas existentes en los planetas, girando alrededor del sol. Así de esa manera, los soles o estrellas, como grandes galaxias y constelaciones, con sus cargas positivas, se rechazan entre sí, manteniendo un equilibrio, suspendidos en el espacio sideral.

Lo mismo sucede con la parte más pequeña en que se divide la materia, **las moléculas**. Las moléculas están compuestas de átomos, y los átomos de protones, electrones y neutrones.

Así como el sol, los protones son cargas positivas y los electrones, como los planetas, son cargas negativas. Al ser atraídos los electrones por un protón, ellos a su vez se repelen, produciéndose en consecuencia las órbitas por las cuales los electrones transitan alrededor del protón.

Con este ejemplo probado científicamente, mi intención es que el lector, pueda reconocer, como lo reconoció Job, que el Dios Creador es Soberano.

Quedó tan impactado que expresó:

➢ Job 42. 2-5
2. Yo conozco que todo lo puedes,
   Y que no hay pensamiento que se esconda de ti.
3. ¿Quién es el que oscurece el consejo
   sin entendimiento?
   Por tanto, yo hablaba lo que no entendía;

Cosas demasiado maravillosas para mí,
Que yo no comprendía.
4. Oye, te ruego, y hablaré;
Te preguntaré, y tú me enseñarás.
5. De oídas te había oído;
Mas ahora mis ojos te ven.

Aunque Dios no le declaró a Job las razones o motivos por los cuales, se encontraba en una situación tan desesperante, (la pérdida de sus hijos, su fortuna y lo peor, herido de una enfermedad crónica y agobiante), el Dios Soberano, estaba al tanto de lo que le sucedía.

Job se quejó de Dios, e incluso lo declara de injusto dejando ver que su padecimiento no era merecido. Mas Dios no le tomó esto en cuenta, porque Job actuaba en ignorancia.

Servía a Dios con integridad, pero no le conocía a cabalidad. Su fidelidad fue probada. Al fin cuando su Hacedor se le presenta y se le da a conocer, se arrepiente y reconoce que Dios en su soberanía, es un Dios de Misericordia, Benignidad, y Amor inmensurable.

Reiteramos, que la Soberanía de Dios se caracteriza en su Omnipotencia, su Omnisciencia y su Omnipresencia. Hay una gran cantidad de personas que argumentan y sostienen, que si Dios es poseedor de esas características, porqué sabiendo lo que iba a acontecer en su creación, no lo evitó.

Que todo hubiese quedado conforme a lo planeado y diseñado por Él. Que el calificativo que le dio de bueno, (y vio Dios que era bueno), haciendo uso de su soberanía, toda su creación se hubiese mantenido bajo esa condición óptima; se hubiese evitado la rebelión de Luzbel, Adán y Eva, y de todos los males que hay debajo del sol.

Estos razonamientos a simple vista parecen tener una lógica indisputable. Ahora bien, consideremos como aceptable esos argumentos, y lleguemos a una conclusión: Dios en su soberana potestad, desde antes de diseñar y crear todas las cosas, estamos de acuerdo, que en su Omnisciencia reconocía y reconoce todo lo que iba a acontecer. Haciendo uso de esa potestad, determina, como anteriormente hemos explicado, llevar a término su creación.

En primer lugar, todo lo creó sin defecto. En cuanto a los seres angelicales y al hombre, ya hemos mencionado que los dotó de inteligencia y de la capacidad de razonar.

Debemos notar que el Creador, no es el causante de todos los acontecimientos que alteraron y afectaron el orden establecido.

La pregunta es: ¿Por qué lo permitió? La respuesta es que en su soberanía, Él decide que el desarrollo de los hechos se efectúe dando libertad de acción, pero absteniéndose cada cual a las consecuencias.

A final de cuentas, cada cual es responsable de sus actos. Entonces, podemos concluir, que el Soberano Dios, en su paciencia, se mantiene contemplando los sucesos que acontecen a través de los siglos.

Él, previamente sabe lo que va a suceder, pero está atento en el momento presente, contemplando y respetando las acciones según vayan aconteciendo.

Llegará un día, que así como concluye una obra dramática, el conflicto de los siglos llegará a su término. Ese día glorioso llegará cuando los hijos de obediencia, pasarán a un estado de plenitud espiritual, que resplandecerán como las estrellas a perpetua eternidad.

¡En ese gran día el ensayo terminará, y el Dios Soberano, y el Cordero de Dios, investido como Rey de Reyes y Señor de Señores, juntos con los redimidos, estaremos celebrando y participando de las Bodas del Cordero!

➢ Apocalipsis 19. 7-9
   7. Gocémonos y alegrémonos y démosle gloria; porque han llegado las Bodas del Cordero, y su esposa se ha preparado.

8. Y a ella se le ha concedido que se vista de lino fino, limpio y resplandeciente; porque el lino fino es las acciones justas de los santos.

9. Y el ángel me dijo: Escribe: Bienaventurados los que son llamados a la Cena de las Bodas del Cordero. Y me dijo: Estas son palabras verdaderas de Dios.

➢ Daniel 12.3

3. "Los entendidos resplandecerán como el resplandor del firmamento; y los que enseñan la justicia a la multitud, como las estrellas a perpetua eternidad."

¿Quiénes somos nosotros para altercar con Dios?

¿Podrá reclamarle la vasija o el vaso de barro al alfarero por qué lo hizo así?

El asunto es que tanto el vaso como usted, ya están hechos, lo importante es que el vaso sea usado para usos honrosos y usted sea digno de ser hallado fiel. Sometido al Soberano Dios, y ser recompensado por Él, por toda la eternidad. (Ro.9.20).

La Omnipotencia, Omnisciencia y Omnipresencia de Dios queda demostrada durante todo el Ministerio de nuestro Señor Jesucristo en la tierra.

• **La Omnipotencia de Dios**

➢ Mateo 28.18

18. Jesús se acercó y les habló diciendo: "*Toda potestad me es dada en el cielo y en la tierra.*"

✓ Sobre la enfermedad:
➢ Mateo 8.1-3

1. Cuando descendió Jesús del monte, le seguía mucha gente.

2. Y he aquí vino un leproso y se postró ante Él, diciendo: Señor, **si quieres,** puedes limpiarme.

3. Jesús extendió la mano y le tocó, diciendo: *"Quiero; sé limpio."* Y al instante su lepra desapareció.

➢ Lucas 4.38-39

38. Entonces Jesús se levantó y salió de la sinagoga, y entró en casa de Simón. La suegra de Simón tenía una gran fiebre; y le rogaron por ella.

39. E inclinándose hacia ella, reprendió a la fiebre; y la fiebre la dejó, y levantándose ella al instante, les servía.

✓ Sobre los demonios.

➢ Mateo 8.28-32

28. Cuando llegó a la otra orilla, a la tierra de los gadarenos, a su encuentro dos endemoniados que salían de los sepulcros, feroces en gran manera, tanto que nadie podía pasar por aquel camino.

29. Y clamaron diciendo: ¿Qué tienes con nosotros, Jesús, Hijo de Dios? ¿Has venido acá para atormentarnos antes de tiempo?

30. Estaba paciendo lejos de ellos un hato de muchos cerdos.

31. Y los demonios le rogaron diciendo: Si nos echas fuera, permítenos ir a aquel hato de cerdos.

32. Él les dijo: *"Id."* Y ellos salieron, y se fueron a aquel hato de cerdos; y he aquí, todo el hato de cerdos se precipitó en el mar por un despeñadero, y perecieron en las aguas.

➢ Lucas 4.33-36

33. Estaba en la sinagoga un hombre que tenía un espíritu de demonio inmundo, el cual exclamó a gran voz,

34. diciendo: Déjanos; ¿qué tienes con nosotros, Jesús nazareno? ¿Has venido para destruirnos? Yo te conozco quien eres, el Santo de Dios.

35. Y Jesús le reprendió diciendo: *"Cállate, y sal de él."* Entonces el demonio, derribándole en medio de ellos, salió de él, y no le hizo daño alguno.

36. Y estaban todos maravillados; y hablaban unos con otros, diciendo: ¿Qué palabra es esta, que con autoridad y poder manda a los espíritus inmundos y salen?

✓ Sobre los hombres.
➤ Mateo 4.18 -22

18. Andando Jesús junto al mar de Galilea, vio a dos hermanos, Simón, llamado Pedro, y Andrés su hermano, que echaban la red en el mar; porque, eran pescadores.

19. Y les dijo: *"Venid en pos de mí, y os haré pescadores de hombres."*

20. Ellos entonces, dejando al instante las redes, le siguieron.

21. Pasando de allí, vio a otros dos hermanos, Jacobo hijo de Zebedeo, y Juan su hermano, en la barca con Zebedeo su padre, que remendaban sus redes; y los llamó.

22. Y ellos, dejando al instante la barca y a su padre, le siguieron.

✓ Sobre la naturaleza.
➤ Mateo 8.23-27

23. Y entrando él en la barca, sus discípulos le siguieron.

24. Y he aquí que se levantó en el mar una tempestad tan grande que las olas cubrían la barca; pero él dormía.

25. Y vinieron sus discípulos y le despertaron, diciendo: ¡Señor, sálvanos, que perecemos!

26. Él les dijo: *"¿Por qué teméis, hombres de **poca fe?"*** Entonces, levantándose, reprendió a los vientos y al mar; y se hizo grande bonanza.

27. Y los hombres se maravillaron, diciendo: ¿Qué hombre es éste, que aun los vientos y el mar le obedecen.

✓ Sobre el pecado.
➤ Mateo 9.1-8

1. Entonces, entrando Jesús en la barca, pasó al otro lado y vino a su ciudad.

2. Y sucedió que le trajeron un paralítico, tendido sobre una cama; y al ver Jesús la fe de ellos, dijo al paralítico: Ten ánimo, hijo; tus pecados te son perdonados.

3. Entonces algunos de los escribas decían dentro de sí: Este blasfema.

4. Y conociendo Jesús los pensamientos de ellos, dijo: *¿Por qué pensáis mal en vuestros corazones?*

5. *Porque, ¿qué es más fácil, decir: Los pecados te son perdonados, o decir: Levántate y anda?*

6. *Pues para que sepáis que el Hijo del Hombre tiene potestad en la tierra para perdonar pecados* (dice entonces al paralítico): *Levántate, toma tu cama, y vete a tu casa.*

7. Entonces él se levantó y se fue a su casa.

8. Y la gente, al verlo, se maravilló y glorificó a Dios, que había dado tal potestad a los hombres.

✓ Sobre las tradiciones.

➢ Mateo 9. 10-13

10. Y aconteció que estando Él sentado a la mesa en la casa, he aquí que muchos publicanos y pecadores, que habían venido, se sentaron juntamente a la mesa con Jesús y sus discípulos.

11. Cuando vieron esto los fariseos, dijeron a los discípulos: ¿Por qué come vuestro Maestro con los publicanos y pecadores?

12. Al oír esto Jesús, les dijo: *Los sanos no tienen necesidad de médico, sino los enfermos.*

13. *Id, pues, y aprended lo que significa:*
Misericordia quiero, y no sacrificio.
Porque no he venido a llamar a justos,
sino a pecadores, al arrepentimiento.

✓ Sobre la muerte.

➢ Marcos 5.35-42

35. Mientras él aún hablaba, vinieron de casa del principal de la sinagoga, diciendo: Tu hija ha muerto; ¿para qué molestas más al Maestro?

36. Pero Jesús, luego que oyó lo que se decía, dijo al principal de la sinagoga: *No temas, cree solamente.*

37. Y no permitió que le siguiese nadie sino Pedro, Jacobo, y Juan hermano de Jacobo.

38. Y vino a casa del principal de la sinagoga, y vio el alboroto y a los que lloraban y lamentaban mucho.

39. Y entrando, les dijo: *¿Por qué alborotáis y lloráis? La niña no está muerta, sino duerme.*

40. Y se burlaban de él. Mas él, echando fuera a todos, tomó al padre y a la madre de la niña, y a los que estaban con él, y entró donde estaba la niña.

41. Y tomando la mano de la niña, le dijo: *Talita Cumi;* que traducido es: Niña, a ti te digo, levántate.
42. Y luego la niña se levantó y andaba, pues tenía doce años. Y se espantaron grandemente.

➤ Lucas 7. 11-15

11. Aconteció después, que él iba a la ciudad que se llama Naín, e iban con él muchos de sus discípulos, y una gran multitud.
12. Cuando llegó cerca de la puerta de la ciudad, he aquí que llevaban a enterrar a un difunto, hijo único de su madre, la cual era viuda; y había con ella mucha gente de la ciudad.
13. Y cuando el Señor la vio, se compadeció de ella, y le dijo: *"No llores."*
14. Y acercándose, tocó el féretro; y los que lo llevaban se detuvieron. Y dijo: *"Joven, a ti te digo, levántate."*
15. Entonces se incorporó el que había muerto, y comenzó a hablar. Y lo dio a su madre.

➤ Juan 11.38-44

38. Jesús profundamente conmovido otra vez, vino al sepulcro. Era una cueva, y tenía una piedra puesta encima.
39. Dijo Jesús: *"Quitad la piedra."* Marta, la hermana del que había muerto, le dijo: Señor, hiede ya, porque es de cuatro días.
40. Jesús le dijo: *"¿No te he dicho que si crees, verás la gloria de Dios?*
41. Entonces quitaron la piedra de donde había sido puesto el muerto. Y Jesús, alzando los ojos a lo alto, dijo: "Padre, *gracias te doy por haberme oído."*

42. *Yo sabía que siempre me oyes; pero lo dije por causa de la multitud que está alrededor, para que crean que tú me has enviado.*"

43. Y habiendo dicho esto, clamó a gran voz: ¡*Lázaro, ven fuera*!

44. Y el que había muerto salió, atadas las manos y los pies con vendas, y el rostro envuelto en un sudario. Jesús les dijo: "*Desatadle, y dejadle ir.*"

• **La Omnisciencia de Dios**

✓ Conocía el paradero de Natanael antes de conocerle.

➢ Juan 1. 46-49

46. Natanael le dijo: ¿De Nazaret puede salir algo de bueno? Le dijo Felipe: Ven y ve.

47. Cuando Jesús vio a Natanael que se le acercaba, dijo de él: "*He aquí un verdadero israelita, en quien no hay engaño.*"

48. Le dijo Natanael: ¿De dónde me conoces? Respondió Jesús y le dijo: "Antes *que Felipe te llamara, cuando estabas debajo de la higuera, te vi.*"

49. Respondió Natanael y le dijo: Rabí, tú eres el Hijo de Dios; tú eres el Rey de Israel.

✓ Él sabe lo que hay en los corazones.

➢ Juan 2.24-25

24. Pero Jesús mismo no se fiaba de ellos, porque conocía a todos,

25. Y no tenía necesidad de que nadie le diese

42. testimonio del hombre, pues él sabía lo que había en el hombre.

➢ Mateo 9.32-33

32. Mientras salían ellos, he aquí, le trajeron un mudo, endemoniado.

33. Y echado fuera el demonio, el mudo habló; y la gente se maravillaba, y decía: Nunca se ha visto cosa semejante en Israel.

➢ Mateo 12.24-25

24. Mas los fariseos, al oírlo, decían: Este no echa fuera los demonios sino por Beelzebú, príncipe de los demonios.

25. Sabiendo Jesús los pensamientos de ellos, les dijo: *"Todo reino dividido contra sí mismo, es asolado, y toda ciudad o casa dividida contra sí misma, no permanecerá."*

➢ Lucas 5.21-22

21. Entonces los escribas y los fariseos comenzaron a cavilar, diciendo: ¿Quién es éste que habla blasfemias? ¿Quién puede perdonar pecados sino sólo Dios?

22. Jesús entonces, **conociendo** los pensamientos de ellos, respondiendo les dijo: *¿Qué caviláis en vuestros corazones?*

➢ Lucas 6.6-10

6. Aconteció también en otro día de reposo, que él entró en la sinagoga y enseñaba; y estaba allí un hombre que tenía seca la mano derecha.

7. Y le acechaban los escribas y los fariseos, para ver si en el día de reposo lo sanaría, a fin de hallar de qué acusarle.

8. Mas él conocía los pensamientos de ellos; y dijo al hombre que tenía la mano seca: *"Levántate, y ponte en medio."* Y él, levantándose, se puso en pie.

9. Entonces Jesús les dijo: Os preguntaré una cosa: *"¿Es lícito en día de reposo hacer el bien, o hacer el mal? ¿Salvar la vida, o quitarla?"*

10. Y mirándolos a todos alrededor, dijo al hombre: *"Extiende tu mano."* Y él lo hizo así, y su mano fue restaurada.

✓ Conocía el complot de Judas antes de ocurrir.
➤ Marcos 14. 16-20

16. Fueron sus discípulos y entraron en la ciudad, y hallaron como les había dicho; y prepararon la pascua.

17. Y cuando llegó la noche, vino él con los doce.

18. Y cuando se sentaron a la mesa, mientras comían, dijo Jesús*: "De cierto os digo que uno de vosotros, que come conmigo, me va a entregar."*

19. Entonces ellos comenzaron a entristecerse, y a decirle uno por uno: ¿Seré yo? Y el otro: ¿Seré yo?

20. Él, respondiendo, les dijo: *"Es uno de los doce, el que moja conmigo en el plato."*

✓ Conocía los pecados de los escribas y los fariseos.
➤ Juan 8.1-11

1. Y Jesús se fue al monte de los Olivos.

2. Y por la mañana volvió al templo, y todo el pueblo vino a él; y sentado él, les enseñaba.

3. Entonces los escribas y los fariseos le trajeron una mujer sorprendida en **adulterio**; y poniéndola en medio,

4. le dijeron: Maestro, esta mujer ha sido sorprendida en el acto mismo de adulterio.

5. Y en la ley nos mandó Moisés apedrear a tales mujeres. Tú, pues, ¿qué dices?

6. Mas esto decían tentándole, para poder acusarle. Pero Jesús, inclinado hacia el suelo, escribía en tierra con el dedo.

7. Y como insistieran en preguntarle, se enderezó y les dijo: *"El que de vosotros esté sin pecado sea el primero en arrojar la piedra contra ella."*

8. E inclinándose de nuevo hacia el suelo, siguió escribiendo en tierra.

9. Pero ellos, al oír esto, acusados por su conciencia, salían uno a uno, comenzando desde los más viejos hasta los postreros; y quedó solo Jesús, y la mujer que estaba en medio.

10. Enderezándose Jesús, y no viendo a nadie sino a la mujer, le dijo: *"Mujer, ¿dónde están los que te acusaban? ¿Ninguno te condenó?"*

11. Ella dijo: Ninguno, Señor. Entonces Jesús le dijo: *"Ni yo te condeno; vete, y no peques más."*

- **La Omnipresencia de Dios**

➢ Juan 3.13

13. *"Nadie subió al cielo, sino el que descendió del cielo; el Hijo del Hombre, que está en el cielo."*

➢ Mateo 18.20

20. *"Porque donde están dos o tres congregados en mi nombre, allí estoy yo en medio de ellos."*

➢ Mateo 28.20

20. *"Enseñándoles que guarden todas las cosas que os he mandado; y he aquí yo estoy con vosotros todos los días, hasta el fin del mundo."*

➢ Juan 14. 20-21

20. *"En aquel día vosotros conoceréis que yo estoy en mi Padre, y vosotros en mí, y yo en vosotros."*

21. *"El que tiene mis mandamientos, y los guarda, ése es el que me ama, y el que me ama, será amado por mi Padre, y yo le amaré, y me* **manifestaré** *a él."*

PARTE XIII

LA PREDESTINACIÓN Y EL DESTINO FINAL

Desde la rebelión del Querubín, y la caída del hombre en la desobediencia de Adán y Eva, han transcurrido siglos y acontecimientos combinados de acciones de bien y mal.

El hombre se ha esforzado en superar las crisis y el malestar que afecta a una humanidad desprovista de la paz y la felicidad.

A través de los siglos, buscan soluciones en base al dominio y manifestación de poderío. En las diferentes etapas históricas encontramos, notables conquistadores y emperadores, buscando establecer un mundo de paz y un gobierno equitativo por la fuerza y la imposición.

Se matan unos a otros, queriendo hacer prevalecer sus propios ideales, motivados en la codicia y el poder.

En lo político, económico y social, se destacó en Rusia el *marxismo – leninismo,* con el propósito de demostrar que sus teorías son las soluciones a los problemas de desigualdad.

En Rusia y los países comunistas se formaron comunidades, tratando de establecer un control en los fondos comunitarios y facilidades de viviendas para todos.

Por otro lado, en una competencia ideológica, encontramos aquellos que defienden el materialismo, promoviendo el *capitalismo,* basado en la libre empresa, la inversión y la competencia de valores.

Esto es un sistema socio/económico proyectado en la producción y distribución generando ganancias.

Por último, la teoría utópica del *socialismo*: Que cada cual produzca según su capacidad y consuma según su necesidad.

En base a éstas teorías encontramos en Rusia, un sistema comunitario de vivienda, producción conjunta y distribución económica.

Por otro lado, la forma de gobierno en Israel es: Demócrata/parlamentario; ellos han desarrollado sistemas comunitarios con éxitos y probada eficacia en lo que se refiere a la convivencia social. Mencionamos a los *Kibbutz*. (Del hebr. קוביץ, Quibbúts (Strong/6899-6908) "reunión", plural Kibbutz o Kibbutzim.)

Es importante que les mencione quiénes eran los "Kibbutz", ya que han sido necesarios y esenciales en la creación de Israel.

Llegaron a Palestina en forma inmigratoria en el 1909 y fundaron allí el primer "kibbutz" conocido como Deganya. Se inspiraron en la idea de Dov Ver Borojov, nacido en Ucrania, parte de Rusia.

Los "Kibbutz" se dedicaron a la agricultura, la cual era vista por todos los miembros de la comunidad como una ideología sionista-socialista.

Todos los que integraban la comunidad "Kibbutz", compartían la misma ideología, bien fuera por el utopismo socialista, o por el humanismo basado en la ética, o por la misma propia ortodoxia de los judíos.

El resultado de la producción agrícola de sus cosechas las utilizaba para suplir las necesidades en la propia comunidad. Suplían para la comida, ropa, medicinas y la educación.

Aplican en su vida comunitaria el principio de:

"A cada cual según su capacidad, a cada cual según sus necesidades."

Los "Kibbutz" o "Kibbutzim", han asumido diferentes roles en Israel, tanto social, como administrativo. De acuerdo a los últimos censos, la población de los "Kibbutz" ha aumentado y se pueden encontrar alrededor de 270 "Kibbutzim" (comunidades) en Israel.

Cada una de estas comunidades está compuesta de alrededor de 500 a 600 personas cada una.

Los "Kibbutz" o "kibbutzim" han desempeñado un papel importante desde antes, y durante la creación del Estado Israelí con su proclamación de la independencia en 1948.

La historia de los "Kibbutz" o "Kibbutzim", se puede comparar con el principio de la Iglesia Primitiva.

➢ Hechos 4.32

32. Y la multitud de los que habían creído era de un corazón y un alma; y ninguno decía ser suyo propio nada de lo que poseía, sino que tenían todas las cosas en común.

Lamentablemente, hasta el día de hoy, la crisis económica ha llegado a la hecatombe; la hambruna y los virus generan enfermedades y muertes.

El derrumbe económico ha ocasionado las quiebras en el sistema industrial, empresarial y financiero, a nivel mundial.

El Fondo Monetario Internacional, con su política de préstamos a las naciones del Tercer Mundo para liberarse de sus deudas internas e internacionales, provocó en la mayoría de los casos, aumentar el problema.

Esto debido a la mala administración y lo peor, a la corrupción de los gobernantes de turno. A esto debemos sumar, la aspiración de las grandes potencias en la conquista del espacio.

Desde el instante, que el hombre puso los pies en la luna, se desató un gran interés de ir más allá. Grandes cantidades de dinero se han utilizado en proyectos de programas espaciales.

Inversiones que podrían paliar y resolver las necesidades imperantes que afectan a los seres vivientes, de un mundo que va a la deriva.

Con todos esos grandes esfuerzos realizados a través de las edades, estamos conscientes de una marcada realidad: Que los avances e innovaciones logrados por el hombre como son: La era espacial, las armas sofisticadas de avanzada tecnología, los medios de comunicación satelital, y un sinnúmero de logros alcanzados, lamentablemente, no lograrán que las aspiraciones y sueños de la humanidad se conviertan en una realidad.

Por más esfuerzo que el ser humano haga, la realidad es que irá de mal en peor. El sabio Salomón contradice esta aspiración y deseo de la humanidad, al declarar: "Vanidad de vanidades, todo es vanidad."

➢ Eclesiastés 1. 1-11
1. Palabras del Predicador, hijo de David, rey en Jerusalén.
2. Vanidad de vanidades, dijo el Predicador; vanidad de vanidades, todo es vanidad.
3. ¿Qué provecho tiene el hombre de todo su trabajo con que se afana debajo del sol?
4. Generación va, y generación viene; mas la tierra siempre permanece.
5. Sale el sol, y se pone el sol, y se apresura a volver al lugar de donde se levanta.
6. El viento tira hacia el sur, y rodea al norte; va girando de continuo, y a sus giros vuelve el viento de nuevo.
7. Los ríos todos van al mar, y el mar no se llena; al lugar de donde los ríos vinieron, allí vuelven para correr de nuevo.
8. Todas las cosas son fatigosas más de lo que el hombre puede expresar; nunca se sacia el ojo de ver, ni el oído de oír.
9. ¿Qué es lo que fue? Lo mismo que será. ¿Qué es lo que ha sido hecho? Lo mismo que se hará; y nada hay nuevo debajo del sol.

10. ¿Hay algo de que se pueda decir: He aquí esto es nuevo? Ya fue en los siglos que nos han precedido.
11. No hay memoria de lo que precedió, ni tampoco de lo que sucederá habrá memoria en los que serán después.

Nos preguntamos: ¿Entonces, ¿dónde está la solución. Y a dónde vamos? Por más que nos afanamos el mundo en que vivimos, categóricamente, con sus avances y progresos en algunas áreas, sigue su curso de desigualdad social y económica.

Cada día hay más pobres, más violencia, falta de control en los medios educativos. Hay conflicto en la relación familiar; padres corruptos, e hijos rebeldes, jóvenes que prefieren pertenecer a una pandilla, antes de educarse para ser útiles a la sociedad con una profesión. Líderes corrompidos, faltos de transparencia, que prometen y no cumplen.

Ya lo hemos explicado. La solución está en el Dios Creador, que la gran mayoría le ha dado la espalda. El error está en que buscan sus propias satisfacciones, explotándose y destruyéndose los unos a los otros, en un afán de ambición, codicia y egoísmo.

¿A dónde vamos? El destino final del hombre, lo traza el mismo hombre.

➤ Proverbios 14.12
12. "Hay camino que al hombre le parece derecho;
    Pero su fin es camino de muerte."

¡Tengo una buena noticia!

➤ Isaías 55.6-8
6. Buscad a Jehová mientras puede ser hallado, llamadle en tanto que está cercano.
7. Deje el impío su camino, y el hombre inicuo sus pensamientos, y vuélvase a Jehová, el cual tendrá de él

misericordia, y al Dios nuestro, el cual será amplio en perdonar.
8. Porque mis pensamientos no son vuestros pensamientos, ni vuestros caminos mis caminos, dijo Jehová.

La oportunidad de restauración en la relación de Dios con el hombre, llegará a su fin, cuando todos los desobedientes, que vivieron una vida corrompida, y no hicieron caso al llamado, resucitarán y comparecerán delante de Dios para ser juzgados.

En el Juicio ante el Gran Trono Blanco, los que no estén inscritos en el libro de la vida, serán juzgados según sus obras.

¡Que lamentable es el hecho de no haberle correspondido como Él se lo merecía! Pero lo más trágico, es que ya ante el Trono Blanco, no hay excusa, ni apelación, ni quién pueda interceder por aquellos que están en una situación de una condena segura.

Pero lo más catastrófico, y expectante es la sentencia de un castigo eterno. La realidad escalofriante es, que no estamos tratando de un purgatorio, donde se afirma que las almas en pena pagarán sus culpas basadas en la gravedad de sus pecados.

No hay evasivas, ni hay indultos. La sentencia es clara, serán juzgados según sus obras. ¡El destino final de los desobedientes, será el lago de fuego!

Mas a los fieles y obedientes, aquellos que consagraron sus vidas, y le dieron la prioridad a su Dios; aquellos que se negaron a sí mismos, abriendo sus corazones para que el Redentor, el Enviado de Dios haga morada.

Los que decidieron que sea Jesús el que gobierne y dirija sus vidas y sean recompensados, según sus obras en Él, su relación con Dios, será una relación de aceptación, acercamiento y correspondencia, en una intimidad gloriosa.

➢ Apocalipsis 21.2-5
2. Y yo Juan vi la santa ciudad, la nueva Jerusalén, descender del cielo, de Dios, **dispuesta** como una esposa ataviada para su marido.
3. Y oí una gran voz del cielo que decía: He aquí el tabernáculo de Dios con los hombres, y
Él morará con ellos; y ellos serán su pueblo, y Dios mismo estará con ellos como su Dios.
4. Enjugará Dios toda lágrima de los ojos de ellos; y ya no habrá muerte, ni habrá más llanto, ni clamor, ni dolor, porque las primeras cosas pasaron.
5. Y el que estaba sentado en el trono dijo: He aquí yo hago nuevas todas las cosas. Y me dijo: Escribe, porque estas palabras son fieles y verdaderas.

Termino expresando, que gracias a Dios todavía estamos a tiempo. ¡Estamos en el momento oportuno!
Sólo hay un medio por el cual podemos ser salvos.
La dádiva más grande que Dios le ha dado a la humanidad caída, es la Salvación por medio de Jesucristo, Señor nuestro.

➢ Hechos 4.12
12. Y en ningún otro hay salvación; porque no hay otro nombre bajo el cielo, dado a los hombres, en que podamos ser salvos.

➢ 1 Timoteo 2.3-6
3. Porque esto es bueno y agradable delante de Dios nuestro Salvador,
4. el cual quiere que todos los hombres sean salvos y vengan al conocimiento de la verdad.
5. Porque hay un solo Dios, y un solo mediador entre Dios y los hombres, Jesucristo Hombre,

6. el cual se dio a sí mismo en rescate por todos,
de lo cual se dio testimonio a su debido tiempo.

➤ 2Pedro 3.9-13

9. El Señor no retarda su promesa, según algunos la tienen por tardanza, sino que es paciente para con nosotros, no queriendo que ninguno perezca, sino que todos procedan al arrepentimiento.

10. Pero el día del Señor vendrá como ladrón en la noche; en el cual los cielos pasarán con grande estruendo, y los elementos ardiendo serán deshechos, y la tierra y las obras que en ella hay serán quemadas.

11. Puesto que todas estas cosas han de ser deshechas, cómo no debéis vosotros andar en santa y piadosa manera de vivir,

12. esperando y apresurándoos para la venida del día de Dios, en el cual los cielos, encendiéndose, serán deshechos, y los elementos, siendo quemados, se fundirán.

13. Pero nosotros esperamos, según sus **promesas**, cielos nuevos y tierra nueva, en los cuales mora la justicia.

➤ Apocalipsis 21.22-26

22. Y ni en ella templo; porque el Señor Dios Todopoderoso es el templo de ella, y el Cordero.

23. La ciudad no tiene necesidad de sol ni luna que brillen en ella; porque la gloria de Dios la ilumina, y el Cordero es su lumbrera.

24. Y las naciones que hubieren sido salvas andarán a la luz de ella; y los reyes de la tierra traerán su gloria y honor a ella.

Apreciado lector, la intención de este libro: "La Predestinación De Dios", y mi más profundo deseo es:

1. Si eres creyente, te mantengas firme.
2. Si no has experimentado la nueva vida en Cristo, que medites, evalúes, y ¡echa mano de la vida eterna!
3. Para aquellos, que como su siervo Job, que en su ignorancia, consideraba a Dios, como un ser lleno de contradicciones e injusticias, y también es para aquellos, que no creen en la existencia de un Creador. Que por medio de la lectura de este libro, puedan así como Job, tener un encuentro con Él, y arrepentirse. ¡Iniciando una íntima relación de aceptación y adoración!

➤ Job 42.5-6
5. "De oídas te había oído;
   Mas ahora mis ojos te ven.
6. Por tanto me aborrezco,
   Y me arrepiento en polvo y ceniza."

Bishop. Dr. Bolivar Díaz, TH.D., D.D.

TEXTOS BÍBLICOS SELECTOS

NUEVO TESTAMENTO

MATEO	LUCAS
1.23	4.33-36
4.18-22	4.38-39
8.1-3	5.21-22
8.23-27	6.6-10
8.28-32	7.11-15
9.1-8	8.17
9.10-13	**JUAN**
9.32-33	1.1
12.24-25	1.12
18.20	1.46-49
28.18	2.24-25
28.20	3.13
MARCOS	3.16
5.35-42	4.23
14.16-20	8.1-11
	10.10
	11.38-44
	14.20-21

HEBREOS
10.29-31
2 PEDRO
2.1-2
2.12
2.18
2.21-22
3.9
3.9-13
1 JUAN
1.7
APOCALIPSIS
19.7-9
21.2-5
21.22-26

Printed in the United States
By Bookmasters